AF330455

DIRECTOIRE EXÉCUTIF.

Procès-verbal de l'anniversaire de la juste punition du dernier roi des Français, célébré à Paris, dans le temple de la Victoire, le 2 pluviôse an 7.

L'AN septième de la République française, une et indivisible, le 2 pluviôse : en exécution des lois des 18 floréal an 3, et 23 nivôse an 4, et de l'arrêté du Directoire exécutif du 3 frimaire dernier, portant que l'anniversaire de la juste punition du dernier roi des Français sera célébré ce jourd'hui dans toute la République ; et conformément aux dispositions du programme arrêté, le 2 nivôse aussi dernier, par le ministre de l'intérieur, d'après les ordres du Directoire exécutif, concernant le cérémonial et l'ordre à observer dans la célébration de cette cérémonie dans la commune de Paris, une salve d'artillerie avait annoncé, à sept heures du matin, l'anniversaire du jour où la Convention nationale ordonna la punition d'un roi parjure.

À neuf heures, les commandans des troupes stationnées à Paris, les avaient rassemblées sur les principales places. Là, tous les militaires sous les armes avaient renouvellé le *serment de haine à la royauté et à l'anarchie, et d'attachement à la République et à la constitution de l'an 3.*

Les pièces d'artillerie attachées aux différens corps, avaient scellé, par des salves réitérées, ce serment des guerriers républicains.

Les troupes étaient ensuite venues se ranger dans les rues adjacentes au Temple de la Victoire, où les citoyens s'étaient portés en foule pour assister à la cérémonie pour laquelle cet édifice avait été choisi.

Le temple de la Victoire avait été orné d'une manière analogue au grand objet de cette institution. Les décorations en étaient augustes, et portaient un caractère imposant et sévère.

A

Le frontispice était paré de trophées guerriers et des couleurs nationales. Au-dessus de la principale porte, se lisaient en gros caractères les inscriptions suivantes :

Au 2 pluviôse, jour d'effroi pour les traîtres et les parjures.

Et plus bas, ces vers :

Si dans la République il se trouvait un traître
Qui regrettât les rois et qui voulût un maître,
Que le perfide meure au milieu des tourmens !
VOLTAIRE, *Brutus.*

Dans le centre du temple, s'élevait un autel , qui soutenait le livre de la constitution.

Autour de l'autel, sur des trépieds antiques, brûlaient des parfums.

Au fond de la nef avait été construit un vaste amphithéâtre que décoraient les statues de la République, de la Liberté et de l'Egalité, et des trophées militaires.

Dans la partie supérieure étaient placés sur une estrade cinq fauteuils pour le Directoire exécutif, et un siége pour le secrétaire-général.

Ceux des ministres de la République et des membres du corps diplomatique étaient placés de droite et de gauche de l'estrade.

De chaque côté de l'autel s'élevaient d'autres amphithéâtres destinés à recevoir les juges du tribunal de cassation, l'institut national et les corps constitués qui siégent dans la commune de Paris.

Au-dessus de ces amphithéâtres et en face , ainsi que sur chacun des piliers, on lisait les deux inscriptions placées sur le frontispice du temple.

Les membres des administrations et tribunaux, qui avaient été convoqués par les ministres, se réunissent revêtus de leurs costumes dans le temple de la Victoire , et se placent sur les amphithéâtres latéraux dans l'ordre suivant :

1°. Le tribunal de cassation ;

2°. L'institut national des sciences et des arts ;

3°. Les commissaires de la comptabilité et de la trésorerie nationale ;

4°. L'administration du département de la Seine ;

5°. Le bureau central ;

6°. Les administrations municipales des douze arron-dissemens ;

7°. L'administration de la monnaie ;

8°. La division de la liquidation générale de la dette publique ;

9°. La division de la liquidation de la dette des émigrés;

10°. La régie de l'enregistrement et des domaines nationaux ;

11°. La commission de la liquidation du tems intermédiaire ;

12°. L'administration de la loterie nationale ;

13°. Les commissaires à la recherche des titres domaniaux ;

14°. La ferme des postes;

15°. La régie des poudres et salpêtres ;

16°. Le tribunal criminel ;

17°. Le tribunal civil ;

18°. Le tribunal correctionnel ;

19°. Le tribunal de commerce ;

20°. Les juges de paix et leurs assesseurs ;

21°. Les administrateurs des quatre grandes bibliothèques nationales et publiques ;

22°. Le jury des écoles centrales;

23°. Le jury des écoles primaires ;

24°. Les professeurs du collège de France ;

25°. Les professeurs des écoles centrales ;

26°. Les professeurs du prytanée français ;

27°. Les professeurs de l'école de santé ;

28°. Les professeurs de l'école polytechnique ;

29°. Les professeurs de l'école des ponts et chaussées ;

30°. Les professeurs de l'école des mines ;

31°. Les professeurs de l'école d'antiquités , près la bibliothèque nationale ;

32°. Les professeurs de l'école des langues orientales près la bibliothèque nationale ;

33°. Le conservatoire des arts et métiers ;

34°. Les administrateurs et professeurs du muséum d'histoire naturelle ;

35°. Les administrateurs et conservateurs du Musée central , du Musée spécial de l'école française , de celui des monumens français;

36°. Les professeurs de l'école nationale de peinture, sculpture et architecture ;

37°. Les administrateurs et professeurs de l'école gratuite de dessin ;

38°. Les inspecteurs du conseil de santé près le ministre de la guerre ;

39°. La commission des hospices civils ;

40°. Les membres de chacun des comités de bienfaisance.

A onze heures, le Directoire exécutif, escorté de sa garde à pied et à cheval, précédé de ses huissiers et mesagers d'état, et accompagné des états-majors de la 17°. division militaire et de la place de Paris, des ambassadeurs et ministres des Républiques alliées, des ministres de la République, et du secrétaire-général, sort du lieu de ses séances, et se rend au temple de la Victoire.

Le cortége entre par la principale porte ; les troupes forment une haie que le Directoire traverse pour aller prendre séance.

Tout le cortége ayant ensuite pris place, le conservatoire de musique, qui occupait une vaste tribune élevée derrière le Directoire, exécute une symphonie, et l'*hymne à la patrie*. La dernière strophe, contenant une invocation à la Liberté, est entendue avec une émotion religieuse ; les membres du Directoire et tous les assistans, debout et découverts, l'écoutent dans un profond recueillement.

Le citoyen Révellière-Lépeaux, président du Directoire exécutif, prend la parole et prononce le discours suivant :

Citoyens,

« Nous célébrons aujourd'hui l'anniversaire de cette mémorable journée où la juste punition du dernier roi des Français anéantit pour jamais le stupide respect que d'âge en âge on nous inspira pour la race de nos tyrans !

» Une longue illusion nous faisait envisager l'oppressive royauté comme une institution divine, et celui qui en était revêtu comme un être inviolable dont toutes les folies et tous les forfaits devaient être supportés sans murmures. Ce prestige fut dissipé ; la raison recouvra son empire. — Amour sacré de la patrie, tu remplaças, dans le cœur des Français, le servile amour qu'ils affectaient pour leurs maîtres, et ce triste fruit de la plus affligeante dégradation, tant vanté par des écrivains mercenaires,

parmi nous, enfin, cessa d'être mis au nombre des qua-
lités les plus distinguées !

» La France, devenue libre, ne reconnaît plus que la
République qui soit digne de son hommage ! Son attachement pour cette sublime institution, égale sa haine pro-
fonde pour le royalisme.

» Ah ! si jamais ce double sentiment venait malheureu-
sement à s'affaiblir, jetons les yeux sur les merveilles que
la liberté enfanta dans tous les siècles, et que notre éton-
nante révolution renouvelle chaque jour avec tant d'éclat;
ouvrons ensuite notre histoire, elle fut écrite par la flat-
terie sous le règne du despotisme et de la superstition,
et cependant, vous y verrez de quel débordement d'hu-
miliations et d'infortunes, de corruption et de vices, la
monarchie, dans tous les tems, inonda cette superbe con-
trée. Qui pourra dès-lors être assez vil pour regretter un
régime justement proscrit, et pour ne pas préférer, même
à la vie, le titre glorieux de Républicain ?

» Cependant, pour garder un bien si précieux, ce n'est
plus assez de l'enthousiasme qui crée, il faut unir à lui
la sagesse qui conserve, et ne pas oublier qu'il serait
cent fois plus honteux et plus cruel de perdre, par ses
fautes, une liberté que l'on a conquise à force de sacri-
fices et de courage, que d'être resté plongé dans la plus
accablante servitude; mais, citoyens, le moyen assuré
d'éviter un semblable malheur, est dans vos mains. Tenez-
vous sévèrement en garde contre tous les excès. La for-
mule du serment que nous allons prononcer, est un aver-
tissement salutaire qui vous est donné par la loi. Elle
vous trace la ligne sur laquelle tout vrai Républicain doit
marcher. Elle vous commande de réprimer le royalisme
avec énergie, mais aussi de comprimer l'anarchie avec
vigueur. L'histoire de tous les tems, celle d'un peuple
voisin, la vôtre, ce qui se passe encore aujourd'hui, tout
prouve que les partisans du despotisme, lorsqu'ils n'ont
pu en prévenir la chûte, ont toujours regardé les excès
de l'anarchie comme un puissant moyen de le réta-
blir.

» En Angleterre, après la rentrée de Charles II, fit-on
monter les niveleurs à l'échafaud ? Non ; car leurs crimes
et leurs folies avaient enfanté l'odieuse puissance de
Cromwell, et trop bien servi la cause des rois ! Ce fut
Sidney qu'on envoya à la mort; le vertueux Sidney et ceux
qui, comme lui, amis sincères et éclairés de la liberté,

s'étaient opposés aux extravagances des ultra-révolution-
naires, et à l'usurpation de Cromwell, et qui auraient
constitué et affermi la République anglaise, si leurs conseils eussent été suivis, et si leur système eût prévalu.

En 93, les forcenés qui déchiraient la France, influencés
par les amis de Louis XVIII, et dirigés par la main de
l'étranger, ne s'acharnaient-ils pas particulièrement sur
tout ce qu'il y avait de patriotes sincères, instruits et
énergiques ?

» Actuellement encore, que le féroce royalisme a or-
ganisé dans plusieurs de nos malheureuses contrées la plus
lâche, la plus infâme, la plus exécrable de toutes les
guerres, celle de l'assassinat et du brigandage, j'en appelle
à tous ceux qui connaissent les faits, sur qui portent les
coups des ennemis de la République ? Est-ce sur les hommes
qui, sous le régime révolutionnaire, se livrèrent à tant
de fureurs, gaspillèrent tant de fortunes, et versèrent
tant de sang ? Non ! car en établissant l'odieuse puissance
de Robespierre, en le vénérant comme une divinité, ils
ont, comme les niveleurs, trop bien servi la cause des
rois; ce sont les républicains sages et énergiques que l'on
égorge, ceux qui font chérir la constitution de l'an 3, et y
attachent leurs concitoyens, par l'ascendant qu'une con-
duite sans reproche leur acquit justement.

» Il serait sans doute plus que superflu de citer d'autres
faits, et de multiplier les raisonnemens. Il n'est pas un
citoyen éclairé qui ne sente combien il importe de vouer
au mépris et à l'exécration publique, deux factions horribles, dont le succès deviendrait également funeste, et
tous forment des vœux pour leur entière destruction. Mais
songez, citoyens, que ce vœu, quelque général et quelque
prononcé qu'il soit, ne sera qu'un vœu stérile, tant qu'il
ne se trouvera pas dans le cœur de ceux à qui vous donnez
votre confiance ! Le premier de vos soins doit être de la
bien placer, et de ne pas vous laisser abuser par des dehors
trompeurs. Pour éviter de relever le royalisme, n'écartez
pas seulement les hommes qui en affichent ouvertement
les maximes, défiez-vous aussi de ceux qui tendent à le
ramener par des voies moins brusques, mais plus obscures
et peut-être plus assurées. Dans leurs captieux discours,
ils tonnent avec chaleur contre les crimes de l'anarchie;
mais ils se taisent sur ceux du royalisme, ou du moins ils
les pallient. Ils sont transportés d'une sainte indigna-
tion contre les progrès de la dissolution des mœurs;

mais ils se taisent sur ceux de la superstition la plus grossière, qu'on fait tant d'efforts pour ressusciter, et sur la honteuse hypocrisie des anti-républicains. Ils s'appitoient sur le sort des émigrés et des prêtres perturbateurs; mais ils restent indifférens sur la triste situation des malheureux parens qui ont perdu leurs soutiens dans la guerre allumée par ces transfuges, et ils entendent froidement le récit de la mort des citoyens qui tombent à chaque instant sous le poignard royal et religieux. Cependant, ils veulent l'ordre public, mais tel que, sans qu'ils osent en prononcer le mot, il serait évidemment l'ancienne servitude. Ils calculent souvent de combien de malheurs la révolution fut accompagnée ; mais ils n'ajoutent pas qu'après tant d'intérêts froissés et tant de passions mises en jeu, la contre-révolution en enfanterait de mille fois plus affreux et plus multipliés. En un mot, habiles à séduire, ils se récrient sur le poids des contributions actuelles ; mais ils ont oublié que, tout bien supputé, elles étaient peut-être doubles dans l'ancien régime ; et ils n'ajoutent pas qu'au surplus l'état, pas plus qu'un particulier, ne peut exister sans ressources ; que sans contributions, il n'y a ni sûreté, ni confiance, ni ordre social ; qu'enfin, ce n'est qu'avec des revenus que l'état paie ce qu'il doit, qu'il favorise l'industrie, et multiplie la réproduction ; et qu'ainsi, chaque citoyen, en donnant son contingent, ne fait qu'assurer son repos et placer à intérêt.

» Cependant, il faut l'avouer, quelque grands que fussent vos dangers, si votre confiance était déposée entre les mains des fauteurs du royalisme, vous en courriez peut-être encore de plus terribles, et qui vous conduiraient aussi infailliblement au despotisme, si, dépassant cette juste mesure dans laquelle la nature a placé tout ce qui est bien, vous alliez livrer vos intérêts les plus chers à cette horde de brigands, qui se montrent aujourd'hui aussi incapables de reconnaissance et de repentir, qu'ils parurent en 93 dépourvus de raison et d'humanité.

» Dévorés par l'ambition, ils veulent régner à tout prix, et se ressaisir de l'affreuse puissance qu'ils exercèrent trop long-tems ; bourelés par les remords, ils cherchent à étouffer le cri de leur conscience sous le poids de nouveaux forfaits. Agités par la crainte, ils ne peuvent croire à la générosité des républicains purs et courageux, qui, cependant, les sauvèrent à plus d'une époque ; ils ne croient obtenir de sûreté que, dans leur absolu pouvoir et dans la ruine de tous ceux qui furent les victimes ou les témoins de leurs fureurs. Tourmentés de la soif des vengeances, ils ne voient qu'en rugissant un ordre de choses qui enchaîne leur funeste activité, et qui ne permet plus aux passions les plus basses et les plus fougueuses de disposer arbitrairement du sort des meilleurs citoyens.

» Mais encore ici, pour déjouer les horribles complots de l'anarchie, il ne suffit pas de se garantir de ceux qui en professent publiquement les principes : beaucoup d'autres, plus adroits, se tiennent sur la réserve, pour n'éclater qu'au moment où ils croiront leur parti maître de tout. Néanmoins, le ressouvenir de leurs actes sanguinaires, de leurs exactions spoliatrices et de leurs déclamations meurtrières, ne devrait pas être sitôt effacé, et quelques traits qui les caractérisent les font reconnaître aisément. Écoutez-les ; ils ne connaissent de fortunes bien acquises que celles qu'ils ont accumulées, de gain légitime que celui qu'ils font, de marché avantageux pour la République que celui dans lequel ils ont un intérêt. Gorgés de richesses par les voies les plus honteuses, ils déclament effrontément contre les dilapidations et les dilapidateurs, et croient aveugler ainsi le public sur leur propre compte. Ils gémissent sur le désordre des finances, ils réunissent leurs efforts pour l'augmenter encore. Contre la plus manifeste évidence, ils nient en public l'insuffisance des revenus nationaux, ils s'en réjouissent en secret ; ils comptent sur la nécessité des taxes arbitraires et sur l'anéantissement de toute comptabilité, pour voler impunément au sein de la confusion, et vexer qui il leur plaît.

» Il n'est au surplus, selon eux, de véritable patriotisme que celui dont ils déterminent la mesure, de pouvoir bien exercé que celui qu'ils possèdent, d'emplois bien placés que ceux qui leur sont distribués, à eux et à leurs affidés ; de liberté que là où ils peuvent opprimer sans que nul ose se défendre, et de constitution que celle qui se prête à toutes leurs passions, et leur donne une autorité sans bornes. Du reste, impatiens du joug des lois, ils se plaignent avec emportement de l'oppression du gouvernement, en même tems que par-tout où ils peuvent dominer, ils affichent l'insolence la plus brutale, et menacent d'une mort prochaine tous ceux qui n'embrassent pas leurs opinions tyranniques, et refusent d'augmenter la bande stupide où dissimulée de leurs prôneurs. Ils se croient enfin au-dessus de tout ; c'est en vain que les lois appellent une foule d'entre eux dans les camps ; ils exaltent, il est vrai, dans leurs discours, le courage des soldats, et s'élèvent avec violence contre l'égoïsme des riches qui soustraient leurs enfans aux travaux de la guerre ; mais pour eux, leurs amis et leurs parens, ils sont des êtres privilégiés, trop précieux pour s'exposer aux moindres risques, et ils se placent effrontément dans toutes les autorités, ou se font soutenir par elles dans leur lâche désobéissance.

» Tels sont, citoyens, les principaux traits qui caractérisent les partisans du royalisme et ceux de l'anarchie. Ah ! si la liberté vous est chère, si la gloire et la prospérité de la République, si votre propre gloire et votre propre repos ne sont pas sans prix à vos yeux (ne les persécutez pas) ; mais, encore une fois, sachez les réduire au silence, et gardez-vous sur-tout d'écouter leurs conseils, ou de les rendre les arbitres de vos intérêts.

» Voulez-vous être heureux et libres ; ne donnez les témoignages de votre confiance qu'aux patriotes dignes d'un aussi respectable titre. Ceux-là seuls doivent l'obtenir, qui ne sont dirigés que par l'amour du bien, qui ne recherchent ni les richesses, ni la puissance ; qui font tout ce qu'il faut pour mériter la faveur populaire, sans jamais ambitionner de l'obtenir, ou sans craindre de la perdre ; qui, lorsque le devoir le commande, bravent avec une égale assurance les menaces d'un tyran furieux et celles d'une multitude égarée ; qui par la fermeté de leur caractère, et leur inflexible probité, s'attirent la haine des factions, mais leur commandent le respect ; ceux enfin qui ne savent pas flatter les peuples plus que les rois, parce qu'au-dessus de toutes les craintes et de toutes les espérances, ils n'encensent que la raison, n'adorent que la vertu, ne servent que la liberté, et ne consacrent leurs vœux et leurs travaux qu'au maintien et à la prospérité de la République ».

Ce discours achevé, le président du Directoire exécutif prononce le *serment républicain* ordonné par la loi du 24 nivôse an 5, en ces termes :

« Je jure haine à la royauté et à l'anarchie ; je jure « attachement et fidélité à la République et à la consti» tution de l'an 3 ».

Les autres membres du Directoire exécutif, le secrétaire-général, les ministres, tous les membres des autorités constituées, tous les fonctionnaires publics, civils et militaires, les citoyens présens, les défenseurs de la patrie, répètent *je le jure ;* les voûtes retentissent de ce serment sacré et de cris réitérés de *vive la République*, qui le suivent.

Le Directoire exécutif, accompagné du secrétaire-général et des ministres, descend de l'amphithéâtre et s'avance en silence vers l'autel de la patrie. Le président du Directoire y dépose l'acte du serment signé par tous les membres du Directoire et le secrétaire-général.

Alors le conservatoire exécute *l'hymne du 21 janvier* (par le citoyen Lebrun, de l'institut national des sciences et arts, musique du citoyen Berton, du conservatoire, dont suivent les paroles :

Les flammes de l'Etna sur ses laves antiques
Ne cessent de verser des flots plus dévorans :
Des monstres couronnés les fureurs despotiques,
Ne cessent d'ajouter aux forfaits des tyrans.

     S'il en est qui veuillent un maître,
     De rois en rois dans l'univers,
     Qu'ils aillent mendier des fers,
Ces Français, ces Français indignes de l'être ;
     De rois en rois dans l'univers
     Qu'ils aillent mendier des fers.
     De rois en rois dans l'univers,
     Qu'ils aillent mendier des fers.

O France ! la vois-tu, cette horrible furie,
De ta reine barbare, impitoyable sœur ?
La vois-tu, d'une main au carnage aguérie,
Allumer le tonnerre à l'Aigle ravisseur ? (1)
     S'il en est, etc.

Lille, un dieu vengera ta cendre et ton injure ;
Tes débris enflammés accuseront Louis.
La bombe, en t'écrasant, le déclarait parjure :
Thémis dut l'immoler à ses peuples trahis.
     S'il en est, etc.

---

(1) L'aigle d'Autriche. Christine de Saxe mit le feu aux premières bombes qui foudroyaient Lille..... Et Louis qui la faisait assiéger, nous pressait de l'aller défendre.

Rien n'absout les tyrans ; quand un roi fut rebelle,
Toujours la nation put dicter son trépas :
La voix d'un peuple entier n'est jamais criminelle,
Et nous le sommes tous, si Louis ne l'est pas.
    S'il en est, etc.

O que Vienne aux Français fit un présent funeste !
Toi qui de la discorde allumas le flambeau,
Reine, que nous donna la colère céleste,
Que la foudre n'a-t-elle embrâsé ton berceau ?
    S'il en est, etc.

Combien ce couple heureux eût épargné de crimes !
Ivre de notre sang, désastreuse beauté,
Femme horrible ! tu meurs après tant de victimes :
Le glaive expie enfin ta lâche cruauté.
    S'il en est, etc.

Et Philippe (1) vivoit en dépit de la foudre,
Artisan insensé de crimes superflus !
Ton peuple, ton senat, ton dieu vient de s'absoudre.
France ! la hache tombe, et Philippe n'est plus.
    S'il en est, etc.

Sur leurs restes sanglans la monarchie expire.
Siècles de servitude, un jour brise vos fers !
Au sceptre usurpateur succède un juste empire.
République ! tu nais pour venger l'Univers.
    S'il en est, etc.

Ah ! pour être à jamais triomphante et paisible,
Donne au mérite seul les rangs et les emplois :
Mère d'enfans égaux, sois une, indivisible :
Mais que ta liberté soit esclave des lois.
    S'il en est, etc.

L'orgueil au désespoir, la rage fanatique
Tenteront d'ébranler tes nouveaux fondemens.
Pour vaincre de cent rois l'active politique,
C'est peu de tes amis, il te faut des amans.
    S'il en est, etc.

Il te faut de ces cœurs dont la brûlante ivresse
Au-devant des périls s'empresse de courir ;
Et fière de lancer ta foudre vengeresse,
Sois fidèle au serment de vaincre ou de mourir.
    S'il en est, etc.

---

(1) Philippe d'Orléans.

Oui ! de leur sang impur, qu'ils rougissent la terre !
Qu'ils meurent sous le glaive au bruit de nos succès,
Les traîtres qui, votant la famine et la guerre,
Brûlent d'anéantir jusqu'au nom des Français.
    S'il en est, etc.

Oui ! consacrons nos mains dans le sang des perfides,
Pour venger son pays, tout Français est soldat ;
Mais laissons aux tyrans les poignards homicides,
Et d'un peuple égorgé le vaste assassinat. (1)
    S'il en est, etc.

Un roi de ces horreurs peut seul être capable ;
Tel fut ce roi bourreau (2) qu'on nomme en frémissant ;
Mais un peuple ! sa loi doit punir le coupable :
Le frapper sans Thémis, c'est le rendre innocent.
    S'il en est, etc.

La cérémonie est terminée par le *Chant du Départ*.

Le Directoire exécutif leve la séance au milieu des cris unanimes de *vive la République*, et descend de l'amphithéâtre : parvenu à l'autel de la patrie, le secrétaire-général y prend l'acte du serment pour le déposer aux archives du Directoire. Le cortége continue ensuite sa marche ; puis le Directoire remontant dans ses voitures, retourne au palais national dans le même ordre qu'il en était sorti, et rentre dans le lieu de ses séances.

Les ministres signent, déposent sur le bureau du Directoire, l'acte de prestation de leur serment républicain. Le secrétaire-général est chargé d'en faire le dépôt.

---

(1) L'exécrable Saint-Barthélemi.
(2) Charles IX.

De l'Imprimerie de J. Gratiot et Compagnie, cul-de-sac Pecquay, rue des Blancs-Manteaux.

www.ingramcontent.com/pod-product-compliance
Lightning Source LLC
Chambersburg PA
CBHW061857080726
47597CB00010BA/4273